학종을 관통하는 독서 기반 학생부 전략노트

독서로 완성하는 학생부 실전 워크북

학교

학번

이름

학종을 관통하는 독서 기반 학생부 전략노트

독서로 완성하는 학생부 실전 워크북

서현경 지음

2021년
대입 적용안
반영

2022년
대입 발표안
반영

학생부
종합전형
개선방안
최신판!

한국경제신문*i*

차례

제1장 계획하라, 점검하라! 독서 중심 학생부 전략노트

제2장 활동하라, 기록하라! 매일 쓰는 비교과 기록노트

제3장 다시 점검하고 채워라! 학생부 기록 점검하기

따라만 해도 완성되는 나만의 《독서로 완성하는 학생부 실전 워크북》 활용법

이 책은 《독서로 완성하는 학생부》의 이론을 참고해서 독서 후 기록하고, 학교 활동과 연계해 기초 자료로 활용하도록 구성했다. 《독서로 완성하는 학생부》의 다양한 사례를 비교하고, 개인에 맞춰 활용한다면 스스로 성장함과 동시에 학교 생활기록의 수준도 크게 향상될 것이다.

① 《독서로 완성하는 학생부》

p.157 부록 참고

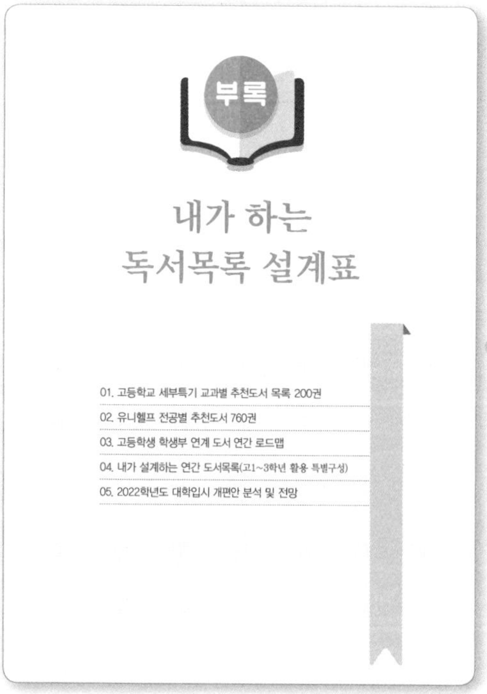

② 《독서로 완성하는 학생부 실전 워크북》

p.22 내가 설계하는 독서활동

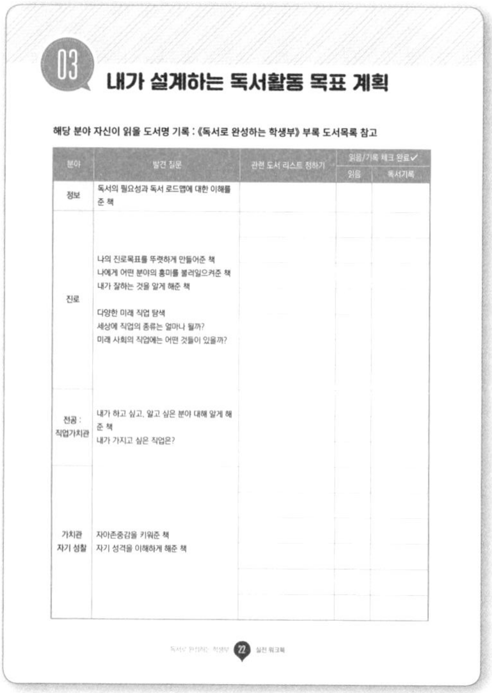

03 내가 설계하는 독서활동 목표 계획

해당 분야 자신이 읽을 도서명 기록 : 《독서로 완성하는 학생부》 부록 도서목록 참고

분야	발견 질문	관련 도서 리스트 정하기	읽음/기록 체크 완료✓	
			읽음	독서기록
정보	독서의 필요성과 독서 로드맵에 대한 이해를 준 책			
진로	나의 진로목표를 뚜렷하게 만들어준 책 나에게 어떤 분야의 흥미를 불러일으켜준 책 내가 잘하는 것을 알게 해준 책 다양한 미래 직업 탐색 세상에 직업의 종류는 얼마나 될까? 미래 사회의 직업에는 어떤 것들이 있을까?			
전공 : 직업가치관	내가 하고 싶고, 알고 싶은 분야 대해 알게 해준 책 내가 가지고 싶은 직업은?			
가치관 자기 성찰	자아존중감을 키워준 책 자기 성격을 이해하게 해준 책			

독서로 완성하는 학생부 22 실전 워크북

《독서로 완성하는 학생부》 의 실제 학생들 사례를 참고해서
워크북에 자신이 읽을 책을 정하고, 독서와 연결한 각종 활동을 기록한다.

《독서로 완성하는 학생부》

p.72 독서 기반 학생부 - 자율활동 사례 모음 참고

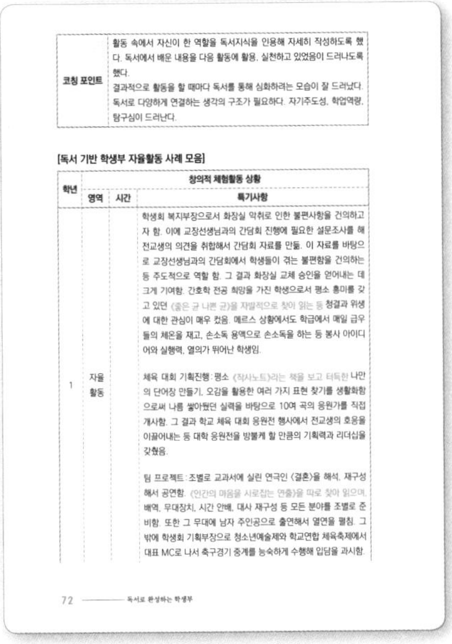

코칭 포인트	활동 속에서 자신이 한 역할을 독서지식을 인용해 자세히 작성하도록 했다. 독서에서 배운 내용을 다음 활동에 활용, 실천하고 있었음이 드러나도록 했다. 결과적으로 활동을 할 때마다 독서를 통해 심화하려는 모습이 잘 드러났다. 독서로 다양하게 연결하는 생각의 구조가 필요하다. 자기주도성, 학업역량, 탐구심이 드러난다.

[독서 기반 학생부 자율활동 사례 모음]

학년	창의적 체험활동 상황		
	영역	시간	특기사항
1	자율활동		학생회 복지부장으로서 화장실 악취로 인한 불편사항을 건의하고자 함. 이에 교장선생님과의 간담회 진행에 필요한 설문조사를 해 전교생의 의견을 취합해서 간담회 자료를 만듦. 이 자료를 바탕으로 교장선생님과의 간담회에서 학생들이 겪는 불편함을 건의하는 등 주도적으로 역할 함. 그 결과 화장실 교체 승인을 얻어내는 데 크게 기여함. 간호학 전공 희망을 가진 학생으로서 평소 흥미를 갖고 있던 《좋은 균 나쁜 균》을 자발적으로 찾아 읽는 등 청결과 위생에 대한 관심이 매우 컸음. 메르스 상황에서도 학급에서 매일 급우들의 체온을 재고, 손소독 용액으로 손소독을 하는 등 봉사 아이디어와 실행력, 열의가 뛰어난 학생임. 체육 대회 기획진행 : 평소 《작사노트》라는 책을 보고 터득한 나만의 단어장 만들기, 오감을 활용한 여러 가지 표현 찾기를 생활화함으로써 나름 쌓아뒀던 실력을 바탕으로 10여 곡의 응원가를 직접 개사함. 그 결과 학교 체육 대회 응원전 행사에서 전교생의 호응을 이끌어내는 등 대학 응원전을 방불케 할 만큼의 기획력과 리더십을 갖췄음. 팀 프로젝트 : 조별로 교과서에 실린 연극인 〈결혼〉을 해석, 재구성해서 공연함. 《인간의 마음을 사로잡는 연출》을 따로 찾아 읽으며, 배역, 무대장치, 시간 안배, 대사 재구성 등 모든 분야를 조별로 준비함. 또한 그 무대에 남자 주인공으로 출연해서 열연을 펼침. 그 밖에 학생회 기획부장으로 청소년예술제와 학교연합 체육축제에서 대표 MC로 나서 축구경기 중계를 능숙하게 수행해 입담을 과시함.

72 독서로 완성하는 학생부

《독서로 완성하는 학생부 실전 워크북》

p.42 자율활동 독서노트 기록

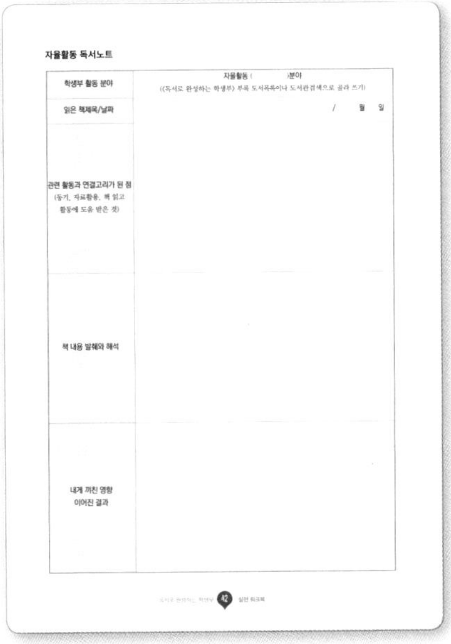

자율활동 독서노트

학생부 활동 분야	자율활동 (　　　)분야 (《독서로 완성하는 학생부》 부록 도서목록이나 도서관검색으로 골라 쓰기)
읽은 책제목/날짜	/　　월　일
관련 활동과 연결고리가 된 점 (동기, 자료활용, 책 읽고 활동에 도움 받은 것)	
책 내용 발췌와 해석	
내게 끼친 영향 이어진 결과	

독서로 완성하는 학생부 42 실전 워크북

《독서로 완성하는 학생부》

p.80 독서 기반 학생부 - 동아리활동 기재 사례 참고

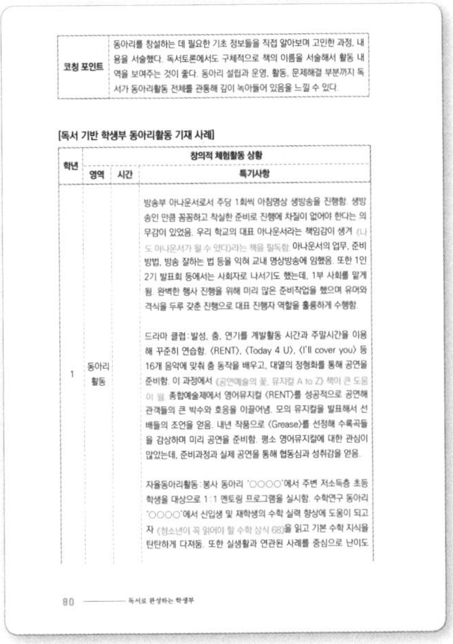

코칭 포인트	동아리를 창설하는 데 필요한 기초 정보들을 직접 알아보며 고민한 과정, 내용을 서술했다. 독서토론에서도 구체적으로 책의 이름을 서술해서 활동 내역을 보여주는 것이 좋다. 동아리 설립과 운영, 활동, 문제해결 부분까지 독서가 동아리활동 전체를 관통해 깊이 녹아들어 있음을 느낄 수 있다.

[독서 기반 학생부 동아리활동 기재 사례]

학년	창의적 체험활동 상황		
	영역	시간	특기사항
1	동아리활동		방송부 아나운서로서 주당 1회씩 아침명상 생방송을 진행함. 생방송인 만큼 꼼꼼하고 착실한 준비로 진행에 차질이 없어야 한다는 의무감이 있었음. 우리 학교의 대표 아나운서라는 책임감이 생겨 《나도 아나운서가 될 수 있다》라는 책을 필독함. 아나운서의 업무, 준비 방법, 방송 잘하는 법 등을 익혀 교내 명상방송에 임했음. 또한 1인 2기 발표회 등에서는 사회자로 나서기도 했는데, 1부 사회를 맡게 됨. 완벽한 행사 진행을 위해 미리 많은 준비작업을 했으며 유머와 격식을 두루 갖춘 진행으로 대표 진행자 역할을 훌륭하게 수행함. 드라마 클럽 : 발성, 춤, 연기를 계발활동 시간과 주말시간을 이용해 꾸준히 연습함. 〈RENT〉, 〈Today 4 U〉, 〈I'll cover you〉 등 16개 음악에 맞춰 춤 동작을 배우고, 대열의 정형화를 통해 공연을 준비함. 이 과정에서 《공연예술의 꽃, 뮤지컬 A to Z》 책이 큰 도움이 됨. 종합예술제에서 영어뮤지컬 〈RENT〉를 성공적으로 공연해 관객들의 큰 박수와 호응을 이끌어냄. 모의 뮤지컬을 발표해서 선배들의 조언을 얻음. 내년 작품으로 〈Grease〉를 선정해 수록곡들을 감상하며 미리 공연을 준비함. 평소 영어뮤지컬에 대한 관심이 많았는데, 준비과정과 실제 공연을 통해 협동심과 성취감을 얻음. 자율동아리활동 : 봉사 동아리 'ㅇㅇㅇㅇ'에서 주변 저소득층 초등학생을 대상으로 1:1 멘토링 프로그램을 실시함. 수학연구 동아리 'ㅇㅇㅇㅇ'에서 신입생 및 재학생의 수학 실력 향상에 도움이 되고자 《청소년이 꼭 읽어야 할 수학 상식 68》을 읽고 기본 수학 지식을 탄탄하게 다져둠. 또한 실생활과 연관된 사례를 중심으로 난이도

80 독서로 완성하는 학생부

《독서로 완성하는 학생부 실전 워크북》

p.52 동아리활동 독서노트 기록

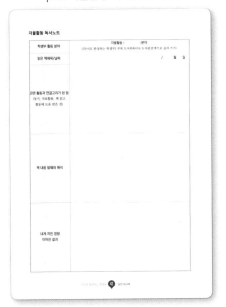

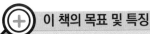

동아리활동 독서노트

학생부 활동 분야	동아리활동 (　　　)분야
읽은 책제목 /날짜	/　　월　일
관련 활동과 연결고리가 된 점 (동기, 자료활용, 책 읽고 활동에 도움 받은 것)	
책 내용 발췌와 해석	
내게 끼친 영향 이어진 결과	

독서로 완성하는 학생부 52 실전 워크북

이 책의 목표 및 특징

1. 나의 학교생활을 계획하고, 실행하며, 기록하기.
2. 나의 활동에 독서역량 심기.
3. 2019년~2022년 학종 최신 개정안 반영 로드맵.
4. 《독서로 완성하는 학생부》의 이론 및 실제 사례를 보고, 본인의 학종 전략 수립.

01. 나만의 학생부 설계노트

02. 비교과 실적 세부 설계표(1~3학년 활동계획)

03. 내가 설계하는 독서활동 목표 계획

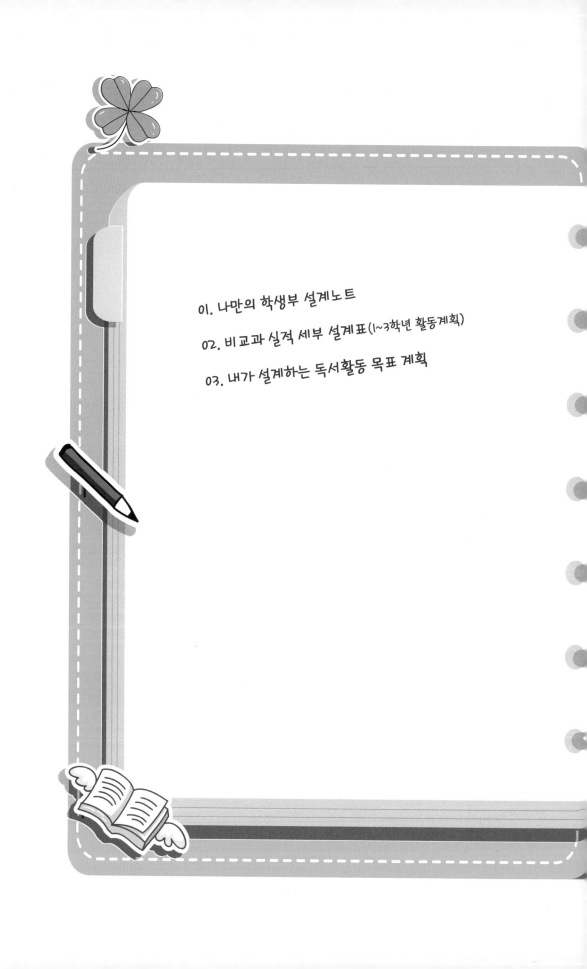

제 1 장

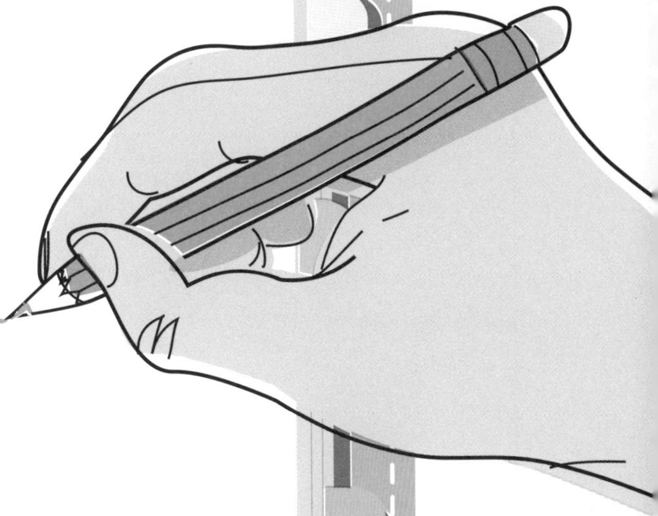

계획하라, 점검하라!
독서 중심 학생부 전략노트

계획하라, 점검하라!

학교생활기록부 영역별 입력 가능 최대 글자 수

(교육정보시스템, 2019. 02. 기준)

영역	세부항목	최대 글자 수	비고
1. 인적·학적 사항	학생 성명	20자	
	주소	300자	
	학적		
2. 출결상황	특기사항	500자	
3. 수상 경력	수상명	100자	대입 제공 수상경력 개수 제한 학기 당 1개 이내 (총 6개까지 제공 가능)
	참가대상(참가인원)	25자	
4. 자격증 및 인증 취득상황	명칭 또는 종류	100자	대입 활용 자료 미제공
5. 창의적 체험활동 상황	자율활동 특기사항	500자	
	동아리활동 특기사항	500자	
	진로활동 특기사항	700자	
	봉사활동실적 활동 내용	250자	
6. 교과 학습발달 상황	과목 세부능력 및 특기사항	과목별 500자	일반교과, 예체능교과, 전문교과
	개인별 세부능력 및 특기사항	500자	
	예체능과목 특기사항	과목별 500자	
	개인별 특기사항	500자	
7. 독서활동 상황	공통	500자	
	과목별	250자	
8. 행동특성 및 종합의견	행동특성 및 종합의견	500자	

* 최대 글자 수 기준은 학년 단위임.

진로희망사항 - • 항목 삭제.

• 학생의 진로희망은 창체 진로활동 특기사항에 기재(대입 미제공).

봉사활동 특기사항 - 미기재.

학교생활기록부 기재 및 확인은 어느 선생님이 하나요?

항목	담당교사
진로희망사항	담임교사
창체 자율·동아리·진로 특기사항	자율활동(담임교사), 동아리활동(지도교사), 진로활동(진로상담교사, 담임교사)
교과학습발달상황 세부능력 및 특기사항	교과담당교사, 담임교사 (교과가 없거나 비교과는 담임교사)
행동특성 및 종합의견	담임교사

01 나만의 학생부 설계노트

① 학생부 연간 비교과 로드맵 설계(1년 계획/월별일정기록)

<각 학교 학사일정과 학교 알리미 참고 → 선택할 활동을 계획표에 적고 준비하자>

학기월별		연간 공통 중심 스케줄	선택 활동계획	준비할 것
방학	1월	방학 독서 계획		
	2월	학사일정 확인 수상목표 수립 동아리목표 수립 봉사목표 수립		
1학기	3월	동아리 가입 및 창설 임원선거 대비 독서 소모임 결성(권장사항) 자율 동아리 (1인 1독서클럽 동아리활동 필수 권장)		
	4월	과학 독후감 대회 탐구 토론 대회 과학탐구 교내 대회		
	5월			
	6월			
	7월			

학기월별		연간 공통 중심 스케줄	선택 활동계획	준비할 것
방학	8월	방과 후 수업 관련 독서활동계획 및 실행		
2학기	9월			
	10월			
	11월			
	12월			

02 비교과 실적 세부 설계표(1~3학년 활동계획)

① 수상실적 목표 계획

No	수상명칭	분야	년/월/일	목표 완료
1				
2				
3				
4				
5				
6				
7				
8				
9				
10				
11				
12				
13				
14				
15				

② 자율활동 목표 계획

학년	활동명	자신이 할 일	기대되는 점
1			
2			
3			

③ 동아리활동 목표 계획(자율 동아리활동을 안 하더라도 독서클럽은 1인 1독서클럽 활동 권장함)

학년	동아리명(정규/자율) – 독서동아리 권장	활동예정 계획	전공 적합성 관련
1		1학기 :	인문, 사회, 교육, 예체능 자연, 공학, 의학, 기타
		2학기 :	인문, 사회, 교육, 예체능 자연, 공학, 의학, 기타
2		1학기 :	인문, 사회, 교육, 예체능 자연, 공학, 의학, 기타
		2학기 :	인문, 사회, 교육, 예체능 자연, 공학, 의학, 기타
3		1학기 :	인문, 사회, 교육, 예체능 자연, 공학, 의학, 기타
		2학기 :	인문, 사회, 교육, 예체능 자연, 공학, 의학, 기타

④ 봉사시간 목표 계획

학년	개인 봉사시간	내용	학교 봉사시간	내용	시간 합계
1	시간		시간		시간
2	시간		시간		시간
3	시간		시간		시간

⑤ 진로활동 목표 계획

학년	활동한 학기 수	진로 관련 활동 목록 쓰기	준비사항
1	1학기 :	진로탐색활동	
	2학기 :		
2	1학기 :		
	2학기 :		
3	1학기 :		
	2학기 :		

❻ **각종 보고서 목표 계획**(R & E, 소논문활동(소논문은 보고서 형태로 기록 권장), 탐구 보고서, 수행평가보고서, 프로젝트보고서)

No	보고서 명칭	분야 기록
1		
2		
3		
4		
5		

❼ **리더·팔로우십 활동 목표 계획**(리더 or 팔로우십 활동에서 골라 쓰기)

학년	경력	학기	활동한 학기와 활동	
1	학생회/학급 자치회/ 동아리(정규/자율) 등 리더·팔로우십 활동	1학기	활동명 : 역할 :	활동명 : 역할 :
		2학기	활동명 : 역할 :	활동명 : 역할 :
2	학생회/학급 자치회/ 동아리(정규/자율) 등 리더·팔로우십 활동	1학기	활동명 : 역할 :	활동명 : 역할 :
		2학기	활동명 : 역할 :	활동명 : 역할 :
3	학생회/학급 자치회/ 동아리(정규/자율) 등 리더·팔로우십 활동	1학기	활동명 : 역할 :	활동명 : 역할 :
		2학기	활동명 : 역할 :	활동명 : 역할 :

⑧ 세부능력 및 특기사항의 교과별 기초사례 자가 기록지

학년	교과	해당 교과 세부활동 키워드
공통교과목	국어	
	수학	
	영어	
	사회(도덕)	
	과학	
	예체능	
선택과목	기타(　　　)	
	기타(　　　)	
	기타(　　　)	
	기타(　　　)	
	기타(　　　)	
	기타(　　　)	
	기타(　　　)	
	기타(　　　)	
	기타(　　　)	

⑨ 행동특성 및 종합의견란 활동 기록용 기초 사례 학생 기록지

학년	행동특성 및 종합의견 기록 가능 영역 (자유롭게 학생 장점과 연결 기록 가능)	학교활동 중 행특 영역과 연결되는 사례 키워드 기록
	배려	
	나눔	
	협력	
	갈등관리	
	리더십	
	존중	
	성실성	
	긍정성	
	(　　　) 소양	
	뚜렷한 목표의식	
	규칙준수	
	관계지향성	
	기타(효)	
	기타(소통능력)	
	기타(전공 적합성)	
	기타(학업능력)	
	기타(기획능력)	
	기타(독서능력)	
	기타(　　　)	
	기타(　　　)	
	기타(　　　)	
	기타(　　　)	
	기타 예시 : 학생 개인의 장점과 특기를 살려서 키워드로 만들어 써주면 된다.	

03 내가 설계하는 독서활동 목표 계획

해당 분야 자신이 읽을 도서명 기록 : 《독서로 완성하는 학생부》 부록 도서목록 참고

분야	발견 질문	관련 도서 리스트 정하기	읽음/기록 체크 완료✓	
			읽음	독서기록
정보	독서의 필요성과 독서 로드맵에 대한 이해를 준 책			
진로	나의 진로목표를 뚜렷하게 만들어준 책 나에게 어떤 분야의 흥미를 불러일으켜준 책 내가 잘하는 것을 알게 해준 책 다양한 미래 직업 탐색 세상에 직업의 종류는 얼마나 될까? 미래 사회의 직업에는 어떤 것들이 있을까?			
전공 : 직업가치관	내가 하고 싶고, 알고 싶은 분야 대해 알게 해 준 책 내가 가지고 싶은 직업은?			
가치관 자기 성찰	자아존중감을 키워준 책 자기 성격을 이해하게 해준 책			

분야	발견 질문	관련 도서 리스트 정하기		읽음/기록 체크 완료✓	
				읽음	독서기록
잠재력	나의 강점을 알게 해준 책				
실천력	나에게 실천의지와 자신감을 준 책 책을 읽고 문제 해결방법을 떠오르게 해준 책				
교과연계	내가 공부하는 데 교과의 단원과 연결해서 새로운 사실을 알게 해준 책	국어			
		영어			
		수학			

분야	발견 질문	관련 도서 리스트 정하기		읽음/기록 체크 완료✓	
				읽음	독서기록
교과연계	내가 공부하는 데 교과의 단원과 연결해서 새로운 사실을 알게 해준 책	사회			
		과학			
		체육			
		미술			
		음악			
독서학습 역량	책을 읽고 탐구심을 일깨워 준 책 읽고 싶은 책, 호기심이 생기게 해준 책, 인문학 책				
수행평가	학교수행평가에서 필요한 책				

분야	발견 질문	관련 도서 리스트 정하기	읽음/기록 체크 완료✓	
			읽음	독서기록
프로젝트	학교 팀 프로젝트를 하는 데 필요한 책 (주제에 따라 목록 만들기)			
소논문 / 탐구 보고서	소논문(탐구 보고서)을 쓰는 데 필요한 책 (주제에 따라 목록 만들기)			
글쓰기 능력	글쓰기 능력을 키워준 책, 변화를 준 책			
창의력	아이디어를 준 책			

01. 독서 중심의 수상경력을 챙겨라!

02. 자격증 취득상황 기록노트

03. 창의적 체험활동상황/자율활동(학년별 500자)

04. 창의적 체험활동상황/동아리활동(학년별 500자)

05. 창의적 체험활동상황/봉사활동

06. 창의적 체험활동상황/진로활동(학년별 700자)

07. 교과학습발달상황 일반과목 세부능력과 특기사항
(과목별 500자)

08. 교과학습발달상황(과목 500자 외)

09. 독서활동상황(수강 과목별 250자 / 공통 500자)

10. 행동특성 및 종합의견(학년별 500자)

제 2 장

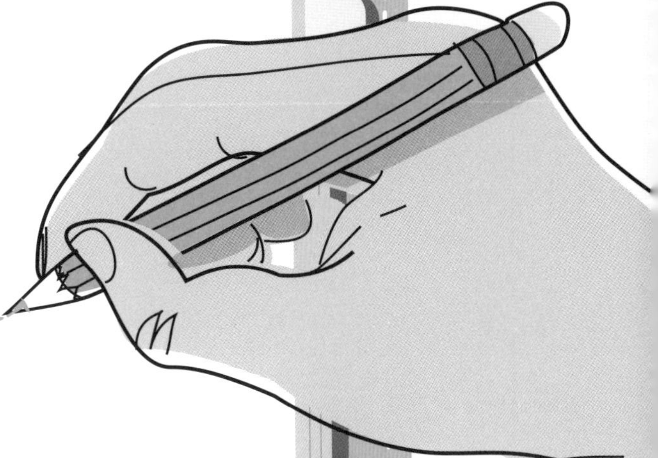

활동하라, 기록하라!
매일 쓰는 비교과 기록노트

01 독서 중심의 수상경력을 챙겨라!

수상경력 기록노트(세특에 기초자료 기록 가능) **: 수상하지 않았을 때도 참고자료로 기록해두기**(자기소개서 대비)

대회명		분야	
대회일자		목표	
준비과정 + 독서기록			
결과			
느낀 점			
보완할 점			
앞으로의 계획			

수상경력 기록노트(세특에 기초자료 기록 가능)

대회명		분야	
대회일자		목표	
준비과정 + 독서기록			
결과			
느낀 점			
보완할 점			
앞으로의 계획			

수상경력 기록노트(세특에 기초자료 기록 가능)

대회명		분야	
대회일자		목표	
준비과정 + 독서기록			
결과			
느낀 점			
보완할 점			
앞으로의 계획			

수상경력 기록노트(세특에 기초자료 기록 가능)

대회명		분야	
대회일자		목표	
준비과정 + 독서기록			
결과			
느낀 점			
보완할 점			
앞으로의 계획			

수상경력 기록노트(세특에 기초자료 기록 가능)

대회명		분야	
대회일자		목표	
준비과정 + 독서기록			
결과			
느낀 점			
보완할 점			
앞으로의 계획			

수상경력 누가기록부(학교 내/학교 외 : 우선 기록 후 필요 분야만 활용하기)

범위	No	대회명	해당 분야	주관기관	학생부 기록 여부
교내대회					

교외 수상은 학생부 기록 제외 항목이지만, 자기소개서 일부 활용 가능, 학업역량 강화용 도전 필요

범위	No	대회명	해당 분야	주관기관	학생부 기록 여부
교외대회					

독서 관련 수상경력 누가기록부(학교 내 다양한 독서상에 도전해보자!)

범위	No	대회명	해당 분야	주관기관	학생부 기록 여부
교내대회					

독서 관련 수상경력 누가기록부(학교 내 다양한 독서상에 도전해보자!)

범위	No	대회명	해당 분야	주관기관	학생부 기록 여부
교내대회					

02

자격증 취득상황 기록노트

자격증 취득 전 상황 누가기록부

No	취득예정날짜	자격증명	해당 분야	주관기관	취득여부
					(○ ×)
					(○ ×)
					(○ ×)
					(○ ×)
					(○ ×)
					(○ ×)
					(○ ×)
					(○ ×)
					(○ ×)
					(○ ×)
					(○ ×)
					(○ ×)

자격증 취득 후 상황 누가기록부

No	날짜	자격증명	해당 분야	주관기관	학생부 기록 여부
					(ㅇ ×)
					(ㅇ ×)
					(ㅇ ×)
					(ㅇ ×)
					(ㅇ ×)
					(ㅇ ×)
					(ㅇ ×)
					(ㅇ ×)
					(ㅇ ×)
					(ㅇ ×)
					(ㅇ ×)
					(ㅇ ×)

03

창의적 체험활동상황/자율활동 (학년별 500자)

자율활동계획표 : 우리 학교 학사일정을 보고 참여할 행사를 기록한다.

학교마다 학생 전체를 대상으로 하는 공통행사 기록은 임팩트가 없으므로 감점요소다. 자율활동 중 학생이 수행한 특별한 활동에 의미 있는 사례와 평가에 대한 기록이 필요하다.

생활기록부 기재 범위

적응활동 내용	입학, 진급, 전학, 기본생활습관 형성, 축하, 친목, 사제동행, 학습·건강·성격·교우 등의 상담활동 등
자치활동	학급회, 학생회 협의활동, 모의 의회, 토론회, 자치법정 등
행사활동	• 시업식, 입학식, 졸업식, 종업식, 기념식, 경축일 등 • 전시회, 발표회, 학예회, 경연대회, 실기대회 • 학생건강, 체력평가, 체격 및 체질검사, 체육대회, 친선경기대회, 안전생활 훈련 등 • 수련활동, 현장학습, 수학여행, 학술조사, 문화재답사, 국토순례, 해외문화체험 등
창의활동	학생·학급·학년·학교·지역특색활동, 학교전통수립·계승활동 등

자율활동계획 리스트(각 학교별 학사일정 참고)

순번	날짜	활동명	분야	완료✓
1				☐
2				☐
3				☐
4				☐
5				☐
6				☐
7				☐
8				☐
9				☐
10				☐
11				☐
12				☐
13				☐
14				☐
15				☐

자율활동 기획노트

행사명		분야	
행사일자		목표	
준비과정			
결과			
느낀 점			
보완할 점			
앞으로의 계획			

자율활동 기획노트

행사명		분야	
행사일자		목표	
준비과정			
결과			
느낀 점			
보완할 점			
앞으로의 계획			

자율활동 독서노트

학생부 활동 분야	자율활동 (　　　　　　)분야 (《독서로 완성하는 학생부》 부록 도서목록이나 도서관검색으로 골라 쓰기)
읽은 책제목/날짜	/　　　월　　일
관련 활동과 연결고리가 된 점 (동기, 자료활용, 책 읽고 활동에 도움 받은 것)	
책 내용 발췌와 해석	
내게 끼친 영향 이어진 결과	

자율활동 독서노트

학생부 활동 분야	자율활동 ( )분야
읽은 책제목/날짜	/ 월 일
관련 활동과 연결고리가 된 점 (동기, 자료활용, 책 읽고 활동에 도움 받은 것)	
책 내용 발췌와 해석	
내게 끼친 영향 이어진 결과	

자율활동 독서노트

학생부 활동 분야	자율활동 (　　　　　)분야
읽은 책제목/날짜	/ 　　월 　　일
관련 활동과 연결고리가 된 점 (동기, 자료활용, 책 읽고 활동에 도움 받은 것)	
책 내용 발췌와 해석	
내게 끼친 영향 이어진 결과	

자율활동 독서노트

학생부 활동 분야	자율활동 (　　　　　)분야
읽은 책제목/날짜	/　　월　　일
관련 활동과 연결고리가 된 점 (동기, 자료활용, 책 읽고 활동에 도움 받은 것)	
책 내용 발췌와 해석	
내게 끼친 영향 이어진 결과	

04

창의적 체험활동상황/동아리활동 (학년별 500자)

생활기록부 기재 범위

활동명	세부활동내용	
동아리활동	학술활동	외국어회화, 과학탐구, 사회조사, 컴퓨터, 인터넷, 신문활용, 발명, 다문화 탐구 등
	문화예술활동	문예, 창작, 회화, 조각, 서예, 전통예술, 현대예술, 성악, 기악, 뮤지컬, 오페라, 연극, 영화, 방송 등
	스포츠활동	구기, 육상, 수영, 체조, 배드민턴, 인라인스케이트, 하이킹, 야영, 민속놀이, 씨름, 태권도, 택견, 무술 등
	실습노작활동	요리, 수예, 꽃꽂이, 조경, 사육, 재배, 설계, 목공, 로봇 제작 등
	청소년단체활동	스카우트연맹, 걸스카우트연맹, 청소년연맹, 청소년적십자, 우주소년단, 해양소년단 등
	학교스포츠클럽활동	교육과정의 일환으로 편성된 중학교 학교스포츠활동과 정규교육과정 이외의 학교스포츠활동
	또래조력활동	또래상담, 또래중재(조정)

정규 동아리활동 기획노트 - 진로에 맞춘 동아리활동 선택하기(동아리 가입하기)

No	희망동아리	진행사항 기록	완료✓
1	희망동아리		
2	동아리 지도교사와 동아리장 미팅		
3	동아리 가입하기		
4	동아리에서 나의 역할과 의미 찾아 쓰기		
5	동아리활동 목표		
6	동아리 회원들과의 소통		
7	동아리활동 결과물		

자율 동아리 기획노트 - 진로에 맞춘 동아리활동 구성하기(동아리 창설하기)

No	희망 자율 동아리	진행사항 기록	완료∨
1	희망동아리		
2	동아리 부원 모집 (역할 나누기)	〈동아리장, 기록담당, 연락담당, 기타 필요한 역할책임 담당을 정하고 기록해야 창설목표에 도달할 수 있으며 기여 부분을 증명할 수 있다.〉	
3	동아리 지도교사 위촉		
4	동아리에서 나의 역할과 의미		
5	동아리활동 목표		
6	동아리활동 결과물		

동아리활동 보고서 노트 - 동아리 전체 기록

동아리명		활동일시		활동장소	
참석자		활동제목			
활동목표					
활동계획					
활동내용					
활동결과					
동아리 부원의 기여도					

증빙자료	사진, 증빙서류, 참고자료 만들기
활동 후 느낀 점	

동아리활동 보고서 노트 - 개인 기록

동아리명		활동일시		활동장소	
참석자		활동제목			
활동목표					
활동계획					
활동내용과 결과					
활동 후 느낀 점					
나의 기여도 기록					
증빙자료 목록					

동아리활동 독서노트

학생부 활동 분야	동아리활동 (　　　　　)분야
읽은 책제목 /날짜	/　　　월　　일
관련 활동과 연결고리가 된 점 (동기, 자료활용, 책 읽고 활동에 도움 받은 것)	
책 내용 발췌와 해석	
내게 끼친 영향 이어진 결과	

동아리활동 독서노트

학생부 활동 분야	동아리활동 ( )분야
읽은 책제목 /날짜	/ 월 일
관련 활동과 연결고리가 된 점 (동기, 자료활용, 책 읽고 활동에 도움 받은 것)	
책 내용 발췌와 해석	
내게 끼친 영향 이어진 결과	

동아리활동 독서노트

학생부 활동 분야	동아리활동 ( )분야
읽은 책제목 /날짜	/ 월 일
관련 활동과 연결고리가 된 점 (동기, 자료활용, 책 읽고 활동에 도움 받은 것)	
책 내용 발췌와 해석	
내게 끼친 영향 이어진 결과	

05 창의적 체험활동상황/봉사활동

(※ 2020년도부터 리스트 기록/ 500자는 기록 안 함)

생활기록부 기재 범위

활동명	세부활동내용	
봉사활동	교내봉사활동	학습부진 친구, 장애인, 병약자, 다문화 가정 학생돕기 등
	지역사회봉사활동	복지시설, 공공시설, 병원, 농어촌 등에서의 일손돕기, 불우이웃돕기, 고아원, 양로원, 군부대에서의 위문활동, 재해구호, 국제협력과 난민구호 등
	자연환경보호활동	깨끗한 환경 만들기, 자연보호, 식목활동, 저탄소 생활 습관화, 공공 시설물, 문화재보호 등
	캠페인활동	공공질서, 교통안전, 학교주변정화, 환경보전, 헌혈, 각종 편견 극복 등

봉사활동 리스트 노트

(단순한 봉사보다 전공 적합성 관련된 봉사 및 사람들과 소통하는 봉사, 지속적인 봉사가 높게 인정됨)

No	활동장소	활동 기간	활동내용	진로 관련성	시간누계
1					
2					
3					
4					
5					
6					
7					
8					
9					
10					
11					
12					
13					
14					
15					
16					
17					
18					
19					
20					

봉사활동 기획노트 - 정기적인 봉사활동(우수활동 : 매주 지속, 매월 지속)

장소		기간(시간)	
활동내용			
선택한 이유			
진로 관련성			
느낀 점과 영향 받은 점			

봉사활동 기획노트 - 비정기적인 봉사활동(보통 활동 : 방학 때만 지속적, 간헐적 지속)

장소		기간(시간)	
활동내용			
선택한 이유			
진로 관련성			
느낀 점과 영향 받은 점			

봉사활동 기획노트 - 비정기적인 봉사활동(보통 활동 : 방학 때만 지속적, 간헐적 지속)

장소		기간(시간)	
활동내용			
선택한 이유			
진로 관련성			
느낀 점과 영향 받은 점			

봉사활동 독서노트

학생부 활동 분야	봉사활동 분야
읽은 책제목 /날짜	/ 월 일
관련 활동과 연결고리가 된 점 (동기, 자료활용, 책 읽고 활동에 도움 받은 것)	
책 내용 발췌와 해석	
내게 끼친 영향 이어진 결과	

봉사활동 독서노트

학생부 활동 분야	봉사활동 분야
읽은 책제목 /날짜	/ 월 일
관련 활동과 연결고리가 된 점 (동기, 자료활용, 책 읽고 활동에 도움 받은 것)	
책 내용 발췌와 해석	
내게 끼친 영향 이어진 결과	

봉사활동 독서노트

학생부 활동 분야	봉사활동 분야
읽은 책제목 /날짜	/ 월 일
관련 활동과 연결고리가 된 점 (동기, 자료활용, 책 읽고 활동에 도움 받은 것)	
책 내용 발췌와 해석	
내게 끼친 영향 이어진 결과	

06 창의적 체험활동상황/진로활동 (학년별 700자)

생활기록부 기재 범위

	세부활동내용	
진로활동	자기 이해활동	자기 이해 및 심성 계발, 자기 정체성 탐구, 가치관 확립활동, 각종 진로 검사 등
	진로정보탐색활동	학업정보탐색, 입시정보탐색, 학교정보탐색, 학교 방문, 직업정보탐색, 자격 및 면허제도탐색, 직장 방문, 직업훈련, 취업 등
	진로계획활동	학업 및 직업에 대한 진로설계, 진로지도 및 상담활동 등
	진로체험활동	학업 및 직업 세계의 이해, 직업체험활동 등

항목별 진행해볼 수 있는 직업 심리검사

항목	심리검사명	대상	검사기관
흥미	직업흥미검사	중·고등학생	워크넷/커리어넷
직업 흥미에 대한 적합한 직업 안내	홀랜드 진로탐색검사	중·고등학교	가이던스/인싸이트
	Strong 진로탐색검사	중·고등학교	어세스타
적성	적성검사	중·고등학교	워크넷
적성에 대한 적합한 직업 및 학과 추천	직업적성검사	중·고등학교	커리어넷
	진로적성검사	서울 지역 중·고등학교	서울진로진학정보센터
성격	직업인성검사	중·고등학교	워크넷
여러 유형의 성격 분석 및 측정	MBTI 성격유형 검사	중학교 3학년부터	어세스타
성숙도	진로발달검사	중·고등학교	워크넷
진로 성숙도 측정	진로성숙도검사	중·고등학교	커리어넷
가치관	직업가치관검사	중·고등학교	워크넷
직업가치관에 대한 적합한 직업안내			커리어넷
기타	성격 및 진로검사	중·고등학교	한국청소년상담복지개발원

① 진로선택 검사노트 : 커리어넷 활용 진로탐색 활동지(무료검사 가능)

❶ 커리어넷(www.career.go.kr) 접속 ▶ 회원가입 ▶ 로그인
❷ 〈검사프로그램-심리검사〉 클릭
❸ 〈중·고등학교 심리검사〉 중 〈직업적성검사〉, 〈직업흥미검사〉, 〈직업가치관검사〉, 〈진로성숙도검사〉 ▶ 실시
❹ 〈자기이해 종합결과표〉 출력 후 보관 ▶ 검사지 전체를 취합해 진로상담교사에게 상담한다.
❺ 검사 결과의 핵심 내용을 아래의 표에 기록

<table>
<tr><td>검사 종류</td><td colspan="2">☐ 직업적성검사 ☐ 직업흥미검사 ☐ 기타( )
☐ 직업가치관검사 ☐ 진로성숙도검사 ☐ 기타( )</td></tr>
<tr><td>검사 결과</td><td>알게 된 점
검사 소감</td><td></td></tr>
<tr><td rowspan="2">전공/진로와
연결한
활동계획/목표</td><td>진로/전공</td><td></td></tr>
<tr><td>관련 도서 찾아 읽고
소감 기록</td><td></td></tr>
</table>

② 진로선택 검사노트 : 워크넷 활용 진로탐색 활동지

❶ 워크넷(www.work.go.kr) 접속 ▶ 회원가입 ▶ 로그인
❷ 〈검사프로그램-심리검사〉 클릭
❸ 〈중·고등학교 심리검사〉 중 〈직업적성검사〉, 〈직업흥미검사〉, 〈직업가치관검사〉, 〈진로성숙도검사〉 ▶ 실시
❹ 〈자기이해 종합결과표〉 출력 후 보관 ▶ 검사지 전체를 취합해 진로상담교사에게 상담한다.
❺ 검사 결과의 핵심 내용을 아래의 표에 기록

<table>
<tr><td rowspan="3">검사종류</td><td>☐ 청소년 직업흥미검사</td><td>☐ 고등학생 적성검사</td><td>☐ 청소년 적성검사(중학생용)</td></tr>
<tr><td>☐ 직업가치관검사</td><td>☐ 청소년 진로발달검사</td><td>☐청소년 직업인성검사(단축형)</td></tr>
<tr><td>☐ 청소년 직업인성검사(전체형)</td><td>☐ 고교계열흥미검사</td><td>☐ 대학 전공(학과) 흥미검사</td></tr>
<tr><td>검사 결과</td><td>알게 된 점
검사 소감</td><td colspan="2"></td></tr>
<tr><td rowspan="2">전공/진로와
연결한
활동계획/목표</td><td>진로/전공</td><td colspan="2"></td></tr>
<tr><td>관련 도서 찾아 읽고
소감 기록</td><td colspan="2"></td></tr>
</table>

③ 다중지능, MBTI, U&I학습성격유형검사, U&I진로탐색검사 등

〈학교에서 한 검사를 중심으로 기록〉

진로탐색 활동지		
검사 종류		
검사 결과	알게 된 점 검사 소감	
전공/진로와 연결한 활동계획/목표	연결한 진로/전공	
	관련 도서 찾아 읽고 소감 기록	

④ 진로선택 검사 - (기타 :   )

<table>
<tr><th colspan="4">진로탐색 활동지</th></tr>
<tr><td>검사 종류</td><td colspan="3"></td></tr>
<tr><td>검사 결과</td><td>알게 된 점
검사 소감</td><td colspan="2"></td></tr>
<tr><td rowspan="3">전공/진로와
연결한
활동계획/목표</td><td>연결한 진로/전공</td><td colspan="2"></td></tr>
<tr><td rowspan="2">관련 도서 찾아
읽고 소감 기록</td><td colspan="2"></td></tr>
<tr><td colspan="2"></td></tr>
</table>

진로희망사항 독서노트

희망 진로	
희망 이유	
관련 도서	
책 발췌내용	
진로와 연결해서 생각한 점	

진로희망사항 독서노트

희망 진로	
희망 이유	
관련 도서	
책 발췌내용	
진로와 연결해서 생각한 점	

진로희망사항 독서노트

희망 진로	
희망 이유	
관련 도서	
책 발췌내용	
진로와 연결해서 생각한 점	

특기 또는 흥미 독서노트-희망진로와 연관 지어 특기/흥미 분야 기록

진로 해당 분야	
특기/흥미	
관련 분야 도서	
책 발췌내용	
진로와 연결해서 발전시킨 점	

희망대학 및 계열과 전공 독서노트

희망 계열과 전공	
희망 동기	
관련 도서명	
1지망 대학과 전공	
2지망 대학과 전공	
3지망 대학과 전공	
4지망 대학과 전공	
5지망 대학과 전공	
6지망 대학과 전공	

진로활동 작성표

학년	활동일자	활동명 :	
		내용 및 역할	나의 변화 및 느낀 점
1	년 월 일		

진로활동 작성표

학년	활동일자	활동명 :	
		내용 및 역할	나의 변화 및 느낀 점
2	년 월 일		

진로활동 작성표

학년	활동일자	활동명 :	
		내용 및 역할	나의 변화 및 느낀 점
3	년 월 일		

진로활동 독서노트

학생부활동 분야	진로활동 분야 (《독서로 완성하는 학생부》 167쪽 이하를 참고해서 읽을 책 찾고 쓰기/도서관에서 책 찾기)
읽은 책제목 /날짜	/ 월 일
관련 활동과 연결고리가 된 점 (동기, 자료활용, 책 읽고 활동에 도움 받은 것)	
책 내용 발췌와 해석	
내게 끼친 영향 이어진 결과	

강점 검사노트

학생부 활동 분야	진로활동 강점 검사 분야
나의 강점을 검사한 후 5가지 강점 적기	① ② ③ ④ ⑤
검사 후 느낀 점	
관련 활동과 연결고리가 된 점 (동기, 자료활용, 책 읽고 활동에 도움 받은 것) 책 내용 발췌와 해석	
검사 후 궁금한 점은 무엇인가?	

강점 독서노트

학생부 활동 분야	진로활동 분야
읽은 책제목	추천도서 : 도널드 클리프턴, 톰 래스 지음, 《위대한 나의 발견 강점혁명》, 청림출판, 2017
관련 활동과 연결고리가 된 점 (동기, 자료활용, 책 읽고 활동에 도움 받은 것)	
책 내용 발췌와 해석	
내게 끼친 영향 이어진 결과	

재능 독서노트

학생부 활동 분야	진로활동 분야
읽은 책제목/날짜	/ 월 일
나의 재능 검사 기록	
관련 활동과 연결고리가 된 점 (동기, 자료활용, 책 읽고 활동에 도움 받은 것)	
책 내용 발췌와 해석	
내게 끼친 영향 이어진 결과	

체험학습 후 독서노트

학생부 활동 분야	진로활동 분야
읽은 책제목/날짜	/ 월 일
참석 체험학습명/ 날짜기록	
관련 활동과 연결고리가 된 점 (동기, 자료활용, 책 읽고 활동에 도움 받은 것)	
책 내용 발췌와 해석	
시야를 확장시킨 점과 생각거리를 준 내용 쓰기	

체험학습 후 독서노트

학생부 활동 분야	진로활동 분야
읽은 책제목/날짜	/ 월 일
참석 체험학습명/ 날짜기록	
관련 활동과 연결고리가 된 점 (동기, 자료활용, 책 읽고 활동에 도움 받은 것)	
책 내용 발췌와 해석	
시야를 확장시킨 점과 생각거리를 준 내용 쓰기	

체험학습 후 독서노트

학생부 활동 분야	진로활동 분야
읽은 책제목/날짜	/　　　월　　일
참석 체험학습명/ 날짜기록	
관련 활동과 연결고리가 된 점 (동기, 자료활용, 책 읽고 활동에 도움 받은 것)	
책 내용 발췌와 해석	
시야를 확장시킨 점과 생각거리를 준 내용 쓰기	

체험학습 후 독서노트

학생부 활동 분야	진로활동 분야
읽은 책제목/날짜	/ 월 일
참석 체험학습명/ 날짜기록	
관련 활동과 연결고리가 된 점 (동기, 자료활용, 책 읽고 활동에 도움 받은 것)	
책 내용 발췌와 해석	
시야를 확장시킨 점과 생각거리를 준 내용 쓰기	

직업체험, 특강 후 독서노트

학생부 활동 분야	진로활동 분야
읽은 책제목/날짜	/ 월 일
참석 직업체험, 특강명/날짜기록	
관련 활동과 연결고리가 된 점 (자료활용, 책 읽고 활동에 도움 받은 것)	
책 내용 발췌와 해석	
시야를 확장시킨 점과 생각거리를 준 내용 쓰기	

직업체험, 특강 후 독서노트

학생부 활동 분야	진로활동 분야
읽은 책제목/날짜	/ 월 일
참석 직업체험, 특강명/날짜기록	
관련 활동과 연결고리가 된 점 (자료활용, 책 읽고 활동에 도움 받은 것)	
책 내용 발췌와 해석	
시야를 확장시킨 점과 생각거리를 준 내용 쓰기	

전시회, 박람회 참관 후 독서노트

학생부 활동 분야	진로활동 분야
읽은 책제목/날짜	/ 월 일
참석 전시회(박람회)명/ 날짜기록	
관련 활동과 연결고리가 된 점 (자료활용, 책 읽고 활동에 도움 받은 것)	
책 내용 발췌와 해석	
시야를 확장시킨 점과 생각거리를 준 내용 쓰기	

강연 듣고 융합 독서노트

학생부 활동 분야	진로활동 분야
읽은 책제목/날짜	/ 월 일
들은 강연명/날짜기록	
관련 활동과 연결고리가 된 점 (자료활용, 책 읽고 활동에 도움 받은 것)	
책 내용 발췌와 해석	
내게 끼친 영향 이어진 결과	

진로활동 - 탐구 보고서 계획하기

제목		분야	
주제		목표	
참고자료 목록	① ② ③ ④ ⑤ ⑥ ⑦		
내용			

진로활동 - 탐구 보고서 계획하기

제목		분야	
주제		목표	
참고자료 목록	① ② ③ ④ ⑤ ⑥ ⑦		
내용			

실력 업! 소논문 읽기(DB피아, RISS, KISS, 구글 학술검색, 국회도서관 사이트에서 논문 찾기)

제목		분야	
주제		목표	
참고자료 목록	① ② ③ ④ ⑤ ⑥ ⑦		
내용			

실력 업! 소논문 읽기(DB피아, RISS, KISS, 구글 학술검색, 국회도서관 사이트에서 논문 찾기)

제목		분야	
주제		목표	
참고자료 목록	① ② ③ ④ ⑤ ⑥ ⑦		
내용			

소논문 계획서(탐구 보고서)

<table>
<tr><td rowspan="7">개인/
팀별(　　　명)</td><td>번호 :</td><td>이름 :</td><td rowspan="7">연구
분야</td><td rowspan="2">인문사회영역</td></tr>
<tr><td>번호 :</td><td>이름 :</td></tr>
<tr><td>번호 :</td><td>이름 :</td><td rowspan="2">예·체능영역</td></tr>
<tr><td>번호 :</td><td>이름 :</td></tr>
<tr><td>번호 :</td><td>이름 :</td><td rowspan="3">기타 :</td></tr>
<tr><td>번호 :</td><td>이름 :</td></tr>
<tr><td colspan="2">총　　　명</td></tr>
<tr><td>연구주제
(연구제목)</td><td colspan="4"></td></tr>
<tr><td>연구의 필요성 및
목적
(연구배경)</td><td colspan="4"></td></tr>
<tr><td>연구방법</td><td colspan="4"></td></tr>
</table>

연구절차 및 일정	
예상되는 결론 (기대효과)	
참고문헌	

전공 관련 소논문(탐구 보고서) 계획표

제목		분야	
전공		날짜	
주제			
참고자료 목록	① ② ③ ④ ⑤ ⑥ ⑦		
내용			

전공 관련 소논문(탐구 보고서) 계획표

제목		분야	
전공		날짜	
주제			
참고자료 목록	① ② ③ ④ ⑤ ⑥ ⑦		
내용			

07 교과학습발달상황 일반과목 세부능력과 특기사항(과목별 500자)

교과학습발달상황 작성 방법-활동 목록표 작성 시 유용한 질문 목록

❶ 해당 과목과 관련한 자신의 특성이나 강점, 또는 이 과목에서 맡았던 역할과 그것을 잘하기 위한 노력에 관한 사례

❷ 이 과목을 잘하기 위해 노력한 사례와 그로 인한 결과
(계획과 실천, EBS, 질문, 멘토 – 멘티 활동, 오답노트 등)
* 과목 자체를 잘하기 위한 노력을 서술해도 되고, 이 과목에서 취약한 부분을 잘하기 위한 노력을 작성해도 됨

❸ 수업 내용 중 특히 관심을 가졌던 부분(단원명, 원리, 이론, 개념 등)과 그 부분을 더 깊이 탐구해본 사례

❹ 과제나 수행평가를 잘 수행한 사례
(과제 및 수행평가 주제와 잘한 점 혹은 노력한 점을 곁들여 작성할 것)

❺ 발표나 토론에 적극적으로 참여한 사례
(발표 및 토론 주제와 잘한 점 혹은 노력한 점을 곁들여 작성할 것)

❻ 그 밖에 이 과목과 관련해서 열심히 노력한 점

Tip

활동사례 작성 시 앞 페이지의 내용을 참고해서
수행평가, 성적향상, 급우/선생님께 받은 칭찬, 문제 해결을 위해 고민한 흔적, 끈기 있게 노력한 사례 기록, 교내 교과 연계대회, 수상실적 교과목과 관련 독서활동, 학술제 등을 연관 지어 작성하기!

교과학습발달상황 - 세부특기 독서노트

과목		진로	
활동사항	성적향상, 발표참여, 논문조사, 질문, 보조교사, 프로젝트, 교과독서, 실험보고서/기타 (미디어매체 정보 활용, 유튜브 자료, 지식채널e 등)		
읽은 책			
의미 있게 했던 나의 역할			
활동을 통한 결과물 발견한 점			

교과학습발달상황 - 세부특기 독서노트

과목		진로	
활동사항	성적향상, 발표참여, 논문조사, 질문, 보조교사, 프로젝트, 교과독서, 실험보고서/기타 (미디어매체 정보 활용, 유튜브 자료, 지식채널e 등)		
읽은 책			
의미 있게 했던 나의 역할			
활동을 통한 결과물 발견한 점			

교과학습발달상황 - 세부특기 독서노트

과목		진로	
활동사항	성적향상, 발표참여, 논문조사, 질문, 보조교사, 프로젝트, 교과독서, 실험보고서/기타 (미디어매체 정보 활용, 유튜브 자료, 지식채널e 등)		
읽은 책			
의미 있게 했던 나의 역할			
활동을 통한 결과물 발견한 점			

교과학습발달상황 - 세부특기 독서노트

과목		진로	
활동사항	성적향상, 발표참여, 논문조사, 질문, 보조교사, 프로젝트, 교과독서, 실험보고서/기타 (미디어매체 정보 활용, 유튜브 자료, 지식채널e 등)		
읽은 책			
의미 있게 했던 나의 역할			
활동을 통한 결과물 발견한 점			

교과학습발달상황 - 세부특기 독서노트

과목		진로	
활동사항	성적향상, 발표참여, 논문조사, 질문, 보조교사, 프로젝트, 교과독서, 실험보고서/기타 (미디어매체 정보 활용, 유튜브 자료, 지식채널e 등)		
읽은 책			
의미 있게 했던 나의 역할			
활동을 통한 결과물 발견한 점			

교과학습발달상황 - 세부특기 독서노트

과목		진로	
활동사항	성적향상, 발표참여, 논문조사, 질문, 보조교사, 프로젝트, 교과독서, 실험보고서/기타 (미디어매체 정보 활용, 유튜브 자료, 지식채널e 등)		
읽은 책			
의미 있게 했던 나의 역할			
활동을 통한 결과물 발견한 점			

교과학습발달상황 - 세부특기 독서노트

과목		진로	
활동사항	성적향상, 발표참여, 논문조사, 질문, 보조교사, 프로젝트, 교과독서, 실험보고서/기타 (미디어매체 정보 활용, 유튜브 자료, 지식채널e 등)		
읽은 책			
의미 있게 했던 나의 역할			
활동을 통한 결과물 발견한 점			

교과학습발달상황 - 세부특기 독서노트

과목		진로	
활동사항	성적향상, 발표참여, 논문조사, 질문, 보조교사, 프로젝트, 교과독서, 실험보고서/기타 (미디어매체 정보 활용, 유튜브 자료, 지식채널e 등)		
읽은 책			
의미 있게 했던 나의 역할			
활동을 통한 결과물 발견한 점			

교과학습발달상황 - 세부특기 독서노트

과목		진로	
활동사항	성적향상, 발표참여, 논문조사, 질문, 보조교사, 프로젝트, 교과독서, 실험보고서/기타 (미디어매체 정보 활용, 유튜브 자료, 지식채널e 등)		
읽은 책			
의미 있게 했던 나의 역할			
활동을 통한 결과물 발견한 점			

교과학습발달상황 - 세부특기 독서노트

과목		진로	
활동사항	성적향상, 발표참여, 논문조사, 질문, 보조교사, 프로젝트, 교과독서, 실험보고서/기타 (미디어매체 정보 활용, 유튜브 자료, 지식채널e 등)		
읽은 책			
의미 있게 했던 나의 역할			
활동을 통한 결과물 발견한 점			

교과학습발달상황 - 선택과목 세부특기 키워드 메모

<table>
<tr><th>학년</th><th>교과</th><th>해당 교과 세부활동 키워드</th></tr>
<tr><td rowspan="6">공통
교과목</td><td>국어</td><td></td></tr>
<tr><td>수학</td><td></td></tr>
<tr><td>영어</td><td></td></tr>
<tr><td>사회(도덕)</td><td></td></tr>
<tr><td>과학</td><td></td></tr>
<tr><td>예체능</td><td></td></tr>
</table>

교과학습발달상황 - 선택과목 세부특기 키워드 메모

학년	교과	해당 교과 세부활동 키워드
	기타(　　　　　　)	
	기타(　　　　　　)	
	기타(　　　　　　)	
	기타(　　　　　　)	
선택과목	기타(　　　　　　)	
	기타(　　　　　　)	
	기타(　　　　　　)	
	기타(　　　　　　)	
	기타(　　　　　　)	

08 교과학습발달상황(과목 500자 외)

❶ 개인별 세부능력 및 특기사항 독서노트(개인세특 장점 500자)

과목		진로	
활동사항	성적향상, 발표참여, 논문조사, 질문, 보조교사, 프로젝트, 교과독서, 실험보고서/기타 (미디어매체 정보 활용, 유튜브 자료, 지식채널e 등)		
읽은 책			
의미 있게 했던 나의 역할			
활동을 통한 결과물 발견한 점			

② 독서 기반 예체능과목 세부능력 및 특기사항

교과학습발달상황 - 예체능 세부특기 독서노트(500자)

과목	**음악**	진로	
활동사항			
읽은 책			
의미 있게 했던 나의 역할			
활동을 통한 결과물 발견한 점			

교과학습발달상황 - 예체능 세부특기 독서노트

과목	**미술**	진로	
활동사항			
읽은 책			
의미 있게 했던 나의 역할			
활동을 통한 결과물 발견한 점			

교과학습발달상황 - 예체능 세부특기 독서노트

과목	**체육**	진로	
활동사항			
읽은 책			
의미 있게 했던 나의 역할			
활동을 통한 결과물 발견한 점			

③ 개인별 특기사항(교과 외의 개인 장점 500자)

장점 특기		진로	
특기에 맞는 활동사항	성적향상, 발표참여, 논문조사, 질문, 보조교사, 프로젝트, 교과독서, 실험보고서/기타 (미디어매체 정보 활용, 유튜브 자료, 지식채널e 등)		
읽은 책			
의미 있게 했던 나의 역할			
활동을 통한 결과물 발견한 점			

09 독서활동상황(수강 과목별 250자 / 공통 500자)

우리학교 독서인증제를 활용하라!

기록방법 및 활용법

1) 학교가 정한 추천도서목록에서 읽을 책을 골라서 연간 독서계획표에 정리한다.
2) 학생들은 책을 골라 읽은 후 독서 기록노트에 기록한다.
3) 교과 관련 도서를 읽고 작성한 기록을 과목별로 모아서 교과 선생님께 제출한다.
4) 학생들은 학교 독서감상문 게시판이나 학교활동란에 자신의 독서감상문을 게시한다. 학교 홈페이지와 연동해서 독서내용을 게시함으로써 독서활동 활성화에 기여하게 되며, 스스로도 독후기록을 습관화 할 수 있다.

기대 효과

1) 학교별 교내 독서 인증제도에 따라 교사가 내용을 확인하고 학기별로 시상할 수 있다.
2) 독서인증서를 발급받은 학생은 학교생활 생활기록부에 기록 가능 자료로 활용할수 있다.
3) 학생들이 수준 높은 책을 읽을 수 있다. 구체적인 독서활동을 실행할 수 있는 도구로 활용 가능하다.
4) 우수 감상문은 교내에서 수상기회를 부여받을 수 있다.
5) 학기 말에 독서퀴즈대회나 성적우수자를 시상하는 등 다른 수상의 기회가 다양해진다.
6) 모든 학교생활기록부 기록이 독서로 통한다(교과독서, 진로독서, 전공 연구독서, 학생부 행동특성(행특)란에 학생의 독서력과 학업능력과 연관 지어 모든 영역에 다양하게 기록될 수 있다.
7) 책 읽기 능력을 향상시켜 입시준비에 핵심인 학업역량을 독서력을 통해 기를 수 있다. 다양한 기록을 우수성 입증자료의 근거로 대입전형에 활용할 수 있다.
8) 학생이 독서를 통해 신장된 사고력 수준과 학업역량을 높이는 근거로 활용할 수 있다.

학교 독서인증 리스트 기록

성명		담임교사	
학번			

No	책제목	읽은 날짜	읽은 페이지 기록	학생부 기록 유무
1				
2				
3				
4				
5				
6				
7				
8				
9				
10				
11				
12				

학교 독서인증 리스트 기록

성명		담임교사	
학번			

No	책제목	읽은 날짜	읽은 페이지 기록	학생부 기록 유무
13				
14				
15				
16				
17				
18				
19				
20				
21				
22				
23				
24				

과정중심 독서 - 발췌하며 읽기, 내 마음에 남는 글귀 가져오기

독서법 훈련대로 독후 기록하기		
책 읽기 단계		쓰기
1단계 읽기 전 과정	이 책에서 흥미를 느낀 내용과 이유	
2단계 읽기 과정	읽으며 인상 깊은 부분 옮겨 쓰기(발췌독)	
3단계 읽은 후 과정	생각거리를 준 내용 쓰기/ 시야를 확장시킨 내용	

과정중심 독서[1] 후 글쓰기

독서법 훈련대로 독후 기록하기		
책 읽기 단계		쓰기
1단계 읽기 전 과정	[배경 지식을 활성화하는 스키마 활성화 및 보강단계] ① 책과 관련된 경험 쓰기 : 관련 주제 브레인스토밍 ② 학생이 가지고 있는 경험 쓰기 : 사고력 자극	이 책에서 흥미를 느낀 내용과 이유
2단계 읽기 과정	[책을 읽는 과정에서 독자 중심의 '사고 활동'을 강조] 독서를 하는 목표를 세우고 생각하며 읽는다. ① 글을 읽다가 잠시 멈추고, 다음 내용을 예측한다. ② 좀 더 글을 읽은 뒤에는 예측이 맞았는지 직접 확인하고 평가한다. 그렇게 생각한 근거를 써본다. ③ 책을 읽으면서 의문점은 질문하며 메모해둔다.	읽으며 인상 깊은 부분 옮겨 쓰기(발췌독)
3단계 읽은 후 과정	[독서에서 느낀 것들을 자신의 경험과 연관시켜 글로 풀어내는 다양한 활동 진행] ① 읽은 책의 내용과 동일시된 부분 경험 글쓰기 ② 인과 관계의 글쓰기 ③ 줄거리 요약 ④ 자유 소감 쓰기	생각거리를 준 내용 쓰기/시야를 확장시킨 내용

1) 한철우, 《과정 중심 독서지도》, 교학사, 2001, pp. 373~439 참조.

비문학 읽고 기록노트

책제목/글제목	
책 읽은 후 쓸거리	쓰기
목차의 키워드 뽑아서 쓰기	
핵심만 간추려서 풀어 쓰기 (목차 키워드를 활용)	
소감 쓰기	

비문학 읽고 기록노트

책제목/글제목	
책 읽은 후 쓸거리	쓰기
목차의 키워드 뽑아서 쓰기	
핵심만 간추려서 풀어 쓰기 (목차 키워드를 활용)	
소감 쓰기	

비문학 읽고 기록노트

책제목/글제목	
책 읽은 후 쓸거리	쓰기
목차의 키워드 뽑아서 쓰기	
핵심만 간추려서 풀어 쓰기 (목차 키워드를 활용)	
소감 쓰기	

문학 읽고 기록노트

책제목/글제목	
책 읽은 후 쓸거리	**쓰기**
목차의 키워드 뽑아서 쓰기	
핵심만 간추려서 풀어 쓰기 (목차 키워드를 활용)	
소감 쓰기	

문학 읽고 기록노트

책제목/글제목	
책 읽은 후 쓸거리	**쓰기**
목차의 키워드 뽑아서 쓰기	
핵심만 간추려서 풀어 쓰기 (목차 키워드를 활용)	
소감 쓰기	

문학 읽고 기록노트

책제목/글제목	
책 읽은 후 쓸거리	쓰기
목차의 키워드 뽑아서 쓰기	
핵심만 간추려서 풀어 쓰기 (목차 키워드를 활용)	
소감 쓰기	

서평 쓰기로 독서력 기르기 1타입[2]

읽은 책제목/날짜		
문단	개요	쓰기
1문단	작가 및 작품소개	
2문단	줄거리 주요 내용 요약	
3문단	발췌 및 해석	
4문단	전체 느낌 추천 대상 추천 이유	

2) 김민영, 황선애, 《서평 글쓰기 특강 - 생각 정리의 기술》, 북바이북, 2015. 서평 쓰기로 독서력 기르기 1타입~4타입 참조.

서평 쓰기로 독서력 기르기 2타입

읽은 책제목/날짜		
문단	개요	쓰기
1문단	작가 및 작품소개	
2문단	줄거리 주요 내용 요약	
3문단	발췌 및 해석	
4문단	전체 느낌 추천 대상 추천 이유	

서평 쓰기로 독서력 기르기 3타입

읽은 책제목/날짜		
문단	개요	쓰기
1문단	작가 및 작품소개	
2문단	줄거리 주요 내용 요약	
3문단	발췌 및 해석	
4문단	전체 느낌 추천 대상 추천 이유	

서평 쓰기로 독서력 기르기 4타입

읽은 책제목/날짜		
문단	개요	쓰기
1문단	작가 및 작품소개	
2문단	줄거리 주요 내용 요약	
3문단	발췌 및 해석	
4문단	전체 느낌 추천 대상 추천 이유	

국어 관련 독서노트

과목		관련 단원	
책제목		날짜	
발췌			
읽은 뒤 활동			
교과 연결해서 발전시킨 점 (과제, 발표 등)			

국어 관련 독서노트

과목		관련 단원	
책제목		날짜	
발췌			
읽은 뒤 활동			
교과 연결해서 발전시킨 점 (과제, 발표 등)			

수학 관련 독서노트

과목		관련 단원	
책제목		날짜	
발췌			
읽은 뒤 활동			
교과 연결해서 발전시킨 점 (과제, 발표 등)			

수학 관련 독서노트

과목		관련 단원	
책제목		날짜	
발췌			
읽은 뒤 활동			
교과 연결해서 발전시킨 점 (과제, 발표 등)			

과학 관련 독서노트

과목		관련 단원	
책제목		날짜	
발췌			
읽은 뒤 활동			
교과 연결해서 발전시킨 점 (과제, 발표 등)			

사회 관련 독서노트

과목		관련 단원	
책제목		날짜	
발췌			
읽은 뒤 활동			
교과 연결해서 발전시킨 점 (과제, 발표 등)			

__________ 과목 독서노트

과목		관련 단원	
책제목		날짜	
발췌			
읽은 뒤 활동			
교과 연결해서 발전시킨 점 (과제, 발표 등)			

________ 과목 독서노트

과목		관련 단원	
책제목		날짜	
발췌			
읽은 뒤 활동			
교과 연결해서 발전시킨 점 (과제, 발표 등)			

__________ 과목 독서노트

과목		관련 단원	
책제목		날짜	
발췌			
읽은 뒤 활동			
교과 연결해서 발전시킨 점 (과제, 발표 등)			

__________ 과목 독서노트

과목		관련 단원	
책제목		날짜	
발췌			
읽은 뒤 활동			
교과 연결해서 발전시킨 점 (과제, 발표 등)			

10

행동특성 및 종합의견(학년별 500자)

행동특성 및 종합의견 핵심인성요소 활동 기록표

No	핵심인성요소	활동	학생부 기록
1	예절		(○, ×)
2	효		(○, ×)
3	정직		(○, ×)
4	책임		(○, ×)
5	소통		(○, ×)
6	배려		(○, ×)
7	나눔		(○, ×)
8	협력		(○, ×)
9	타인 존중		(○, ×)
10	갈등 관리		(○, ×)
11	규칙 준수		(○, ×)
12	관계지향성		(○, ×)

No	핵심인성요소	활동	학생부 기록
13	적극성		(○, ×)
14	자기주도		(○, ×)
15	리더십		(○, ×)
16	창의성		(○, ×)
17	용기		(○, ×)
18	열정		(○, ×)
19	나눔		(○, ×)
20	긍정		(○, ×)
21	생명존중		(○, ×)
22	재능기부		(○, ×)
23	기타(　　　)		(○, ×)
24			(○, ×)
25			(○, ×)

행동특성 리더십 독서노트 : 리더십 키우기 책과 관련 활동을 연결해서 기록해서 제출하라.

학생부 활동 분야	행특활동 리더십 분야
읽은 책제목	
관련 활동과 연결고리가 된 점 (동기, 자료활용, 책 읽고 활동에 도움 받은 것)	
책 내용 발췌와 해석	
리더십 분야 활동에 도움이 된 점	

행동특성 창의력 독서노트 : 창의력 키우기 책과 관련 활동 연결해서 기록해서 제출하라.

학생부 활동 분야	행특활동 창의 분야
읽은 책제목	
관련 활동과 연결고리가 된 점 (동기, 자료활용, 책 읽고 활동에 도움 받은 것)	
책 내용 발췌와 해석	
창의 분야 활동에 도움이 된 점	

행동특성 인문학 독서노트 : 인문학적 소양을 쌓기 위해 책 읽기를 했던 근거를 담임교사에게 제출해서 어필하면 기록이 가능하다.

학생부 활동 분야	행특활동 인문 소양 분야
읽은 책제목	
관련 활동과 연결고리가 된 점 (동기, 자료활용, 책 읽고 활동에 도움 받은 것)	
책 내용 발췌와 해석	
인문 소양 분야 활동에 도움이 된 점	

행동특성 강점 관련 독서노트 : (기타 분야 : 본인의 강점 분야)

학생부 활동 분야	행특활동 강점 분야
읽은 책제목	
관련 활동과 연결고리가 된 점 (동기, 자료활용, 책 읽고 활동에 도움 받은 것)	
책 내용 발췌와 해석	
강점 분야 활동에 도움이 된 점	

행동특성 관련 독서노트 : (기타 분야 :   )

학생부 활동 분야	행특활동 기타( ) 분야
읽은 책제목	
관련 활동과 연결고리가 된 점 (동기, 자료활용, 책 읽고 활동에 도움 받은 것)	
책 내용 발췌와 해석	
기타( ) 분야 활동에 도움이 된 점	

01. 학생부기록 현재 상태 중간 점검하기

(1~3학년 기재)

제 3 장

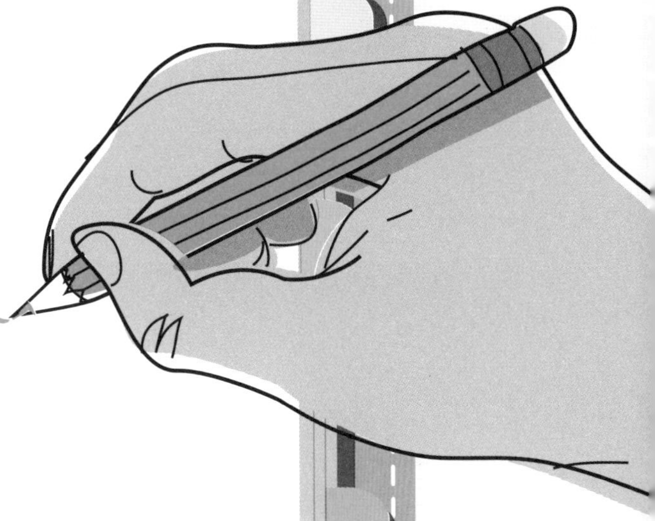

다시 점검하고 채워라!
학생부 기록 점검하기

01

학생부기록 현재 상태 중간 점검하기 (1~3학년 기재)

출결상황 (*질병 결석 감점 주의)

구분	1학년	2학년	3학년	합계
무단결석 일수				일
무단지각 일수				일
질병지각/조퇴/결과				일

수상실적

No	수상명	분야	년/월/일
1			
2			
3			
4			
5			
6			
7			
8			
9			
10			
11			
12			
13			
14			
15			

자율활동

학년	활동명	자신의 역할	의미와 보람
1			
2			
3			

동아리활동

학년	동아리명(정규/자율)	활동한 학기 수	전공 적합성 관련
1		1학기 :	인문, 사회, 교육, 예체능 자연, 공학, 의학, 기타 분야
		2학기 :	인문, 사회, 교육, 예체능 자연, 공학, 의학, 기타 분야
2		1학기 :	인문, 사회, 교육, 예체능 자연, 공학, 의학, 기타 분야
		2학기 :	인문, 사회, 교육, 예체능 자연, 공학, 의학, 기타 분야
3		1학기 :	인문, 사회, 교육, 예체능 자연, 공학, 의학, 기타 분야
		2학기 :	인문, 사회, 교육, 예체능 자연, 공학, 의학, 기타 분야

봉사시간

학년	개인 봉사시간	학교 봉사시간	시간 합계
1			시간
2			시간
3			시간

진로활동목표(진로희망의 이유+진로에 기울인 노력 과정 기록)

학년	활동한 학기 수	진로 관련 활동 목록쓰기	준비사항
1	1학기 :	진로탐색활동	
	2학기 :		
2	1학기 :		
	2학기 :		
3	1학기 :		
	2학기 :		

각종 보고서 기록(R&E, 소논문 활동, 탐구 보고서, 수행평가 보고서, 프로젝트 보고서)

No	보고서 명칭	분야 기록
1		
2		
3		
4		
5		

리더·팔로우십 활동 기록

학년	리더 경력	활동한 학기와 리더·팔로우십 활동
1	학생회/학급 자치회/동아리(정규/자율) 등 리더·팔로우십 활동	1학기 :
		2학기:
2	학생회/학급 자치회/동아리(정규/자율) 등 리더·팔로우십 활동	1학기 :
		2학기 :
3	학생회/학급 자치회/동아리(정규/자율) 등 리더·팔로우십 활동	1학기 :
		2학기 :

세부능력 및 특기사항의 교과별 세부 설명 기재 유무 점검

학년	교과	해당 교과 세부 설명이 기재여부
	국어	기록됨 / 기록내용 없음
	수학	기록됨 / 기록내용 없음
	영어	기록됨 / 기록내용 없음
	사회(도덕)	기록됨 / 기록내용 없음
	과학	기록됨 / 기록내용 없음
	예체능	기록됨 / 기록내용 없음
	기타(　　)	기록됨 / 기록내용 없음
	기타(　　)	기록됨 / 기록내용 없음
	기타(　　)	기록됨 / 기록내용 없음
	기타(　　)	기록됨 / 기록내용 없음
	기타(　　)	기록됨 / 기록내용 없음
	기타(　　)	기록됨 / 기록내용 없음
	기타(　　)	기록됨 / 기록내용 없음
	기타(　　)	기록됨 / 기록내용 없음
	기타(　　)	기록됨 / 기록내용 없음

행동특성 및 종합의견란에 교사의 의견 기재 여부 체크

학년	행특 기록 가능 영역	해당의견 세부설명이 기재여부
	배려	기록됨 / 기록내용 없음
	나눔	기록됨 / 기록내용 없음
	협력	기록됨 / 기록내용 없음
	갈등관리	기록됨 / 기록내용 없음
	리더십	기록됨 / 기록내용 없음
	존중	기록됨 / 기록내용 없음
	성실성	기록됨 / 기록내용 없음
	긍정성	기록됨 / 기록내용 없음
	(인문학적) 소양	기록됨 / 기록내용 없음
	뚜렷한 목표의식	기록됨 / 기록내용 없음
	규칙준수	기록됨 / 기록내용 없음
	관계지향성	기록됨 / 기록내용 없음
	기타(효)	기록됨 / 기록내용 없음
	기타(소통능력)	기록됨 / 기록내용 없음
	기타(전공 적합성)	기록됨 / 기록내용 없음
	기타(학업능력)	기록됨 / 기록내용 없음
	기타(기획능력)	기록됨 / 기록내용 없음
	기타(독서능력)	기록됨 / 기록내용 없음
	기타( )	기록됨 / 기록내용 없음
	기타( )	기록됨 / 기록내용 없음
	기타( )	기록됨 / 기록내용 없음
	기타( )	기록됨 / 기록내용 없음
	기타( )	기록됨 / 기록내용 없음
	기타 예시 : 학생 개인의 장점과 특기를 살려서 키워드로 만들어 써주면 된다.	

본 책의 내용에 대해 의견이나 질문이 있으면
전화(02)333-3577, 이메일 dodreamedia@naver.com을 이용해주십시오.
의견을 적극 수렴하겠습니다.

학종을 관통하는 독서 기반 학생부 전략노트

독서로 완성하는 학생부 실전 워크북

제1판 1쇄 발행 | 2019년 3월 20일

지은이 | 서현경
펴낸이 | 한경준
펴낸곳 | 한국경제신문*i*
기획·제작 | ㈜두드림미디어
책임편집 | 배성분

주소 | 서울특별시 중구 청파로 463
기획출판팀 | 02-360-4584
영업마케팅팀 | 02-3604-595, 583 FAX | 02-3604-599
E-mail | dodreamedia@naver.com
등록 | 제 2-315(1967. 5. 15)

ISBN 978-89-475-4449-8 43370

책값은 뒤표지에 있습니다.
잘못 만들어진 책은 구입처에서 바꿔드립니다.